774 Chambre des Commissaires-Priseurs
Envoi à la Bibliothèque Nationale

1899. Mai. 23

DESSINS

AQUARELLES, GOUACHES

DE L'ÉCOLE FRANÇAISE

DU XVIIIᶜ SIÈCLE

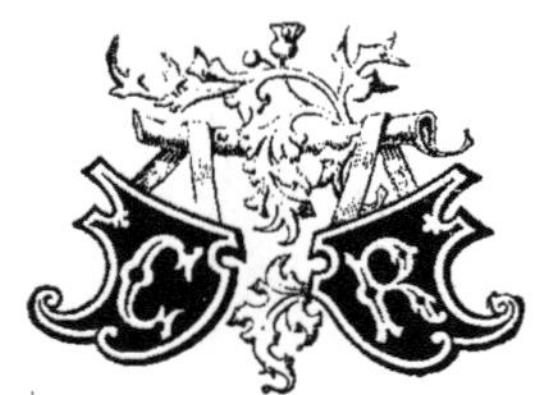

DESSINS

AQUARELLES, GOUACHES

DE L'ÉCOLE FRANÇAISE

DU XVIIIᵉ SIÈCLE

CONDITIONS DE LA VENTE

Elle sera faite au comptant.

Les acquéreurs payeront 5 p. 100 en sus des enchères.

CATALOGUE

DE

DESSINS, AQUARELLES

GOUACHES

DU DIX-HUITIÈME SIÈCLE

PROVENANT DE LA

COLLECTION DE M***

Dont la Vente aura lieu

HOTEL DES COMMISSAIRES-PRISEURS, RUE DROUOT, N° 9

Salle n° 11

Le Mardi 23 Mai 1899, à deux heures et demie

COMMISSAIRE-PRISEUR	EXPERT
Me PAUL CHEVALLIER	**M. GANDOUIN PÈRE**
10, rue Grange-Batelière, 10	40, Avenue Wagram, 40

EXPOSITION

Le Lundi 22 Mai 1899, de 2 heures à 5 heures 1/2

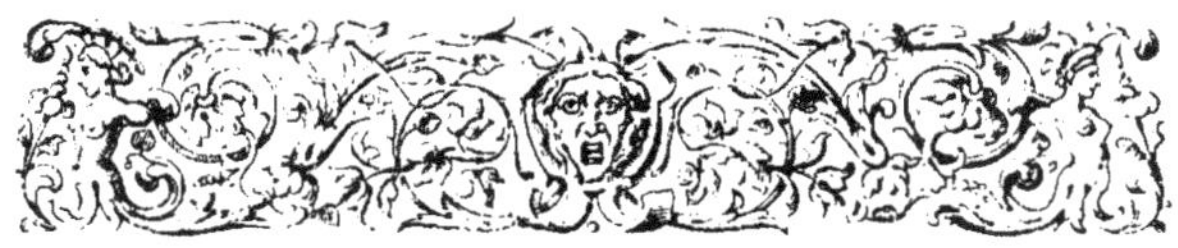

DÉSIGNATION

ARMANI

PIERRE

1. — *La Peinture*.

Un tableau représentant la Descente de la croix est entouré de Chérubins pleurant.

Précieux dessin à la sanguine.
Marque de collection.

H., 0.19. — L., 0.145.

ARMANI

PIERRE

2. — *La Sculpture*.

Intérieur d'atelier où sont diverses statues et bustes.
Deux Amours, dont un brûle des parfums

Précieux dessin à la sanguine.

H., 0,19. — L., 0.145.

BAUDOUIN

(Attribué à PIERRE-ANTOINE)

3. — *Pastorale.*

Une jeune bergère reçoit en présent un oiseau que
lui offre un galant assis près d'elle.

Gouache, ovale.
Cadre ancien.

(H., 0,34. — L., 0,28.)

BEVALET

(ANTOINE-GERMAIN)

4. — *Portrait de l'artiste.*

Il s'est représenté dans son atelier assis dans un
grand fauteuil et regardant un tableau placé devant lui.

Plume et aquarelle.
Ce dessin a servi à l'artiste pour son adresse, gravée par
lui.
Cadre du temps.

(H., 0,058. — L., 0,07.)

BOILLY

(LOUIS-LÉOPOLD)

5. — *Portrait de femme.*

Vue en buste, la coiffure frisée.

Crayon noir rehaussé, signé, daté : *1819.*

(H., 0,205. — L., 0,16.)

BOILLY

(LOUIS-LÉOPOLD)

6. — *Jeune femme assise sur un canapé; sur ses genoux, enfant endormi.*

Étude au crayon noir pour la composition connue « 1re scène de voleurs ».
Au bas du dessin l'inscription :
Ce dessin est de mon père, Jules Boilly.

(H., 0,18. — L., 0,23.)

BOILLY

(LOUIS-LÉOPOLD)

7. — *Portrait de Mlle Chenard.*

Vue en buste, tête nue, chevelure frisée.

Crayon noir.

(H., 0,17. — L., 0,138)

BOILLY

(LOUIS-LÉOPOLD)

8. — *Jeune femme vue en buste.*

Représentée tête nue ; souriant ; vue de face.

Crayon noir rehaussé.

(H., 0,175. — L., 0,135.)

BOUCHER

(FRANÇOIS)

9. — *Le retour à la ferme (effet de nuit.*

Le fermier, tenant une torche, conduit par la bride un âne sur lequel sa femme et son enfant ; personnages et animaux divers le suivent.

Plume et bistre.
Cadre ancien.

(H., ,033. — L... 0,23.)

BOUCHER

(FRANÇOIS

10. — *Diane et Nymphes au bain.*

Pierre noire légèrement rehaussée de crayons de couleur.
Composition gravée par Huquier.
Cadre ancien bois sculpté.

(H., 0,345. — L., 0,245.)

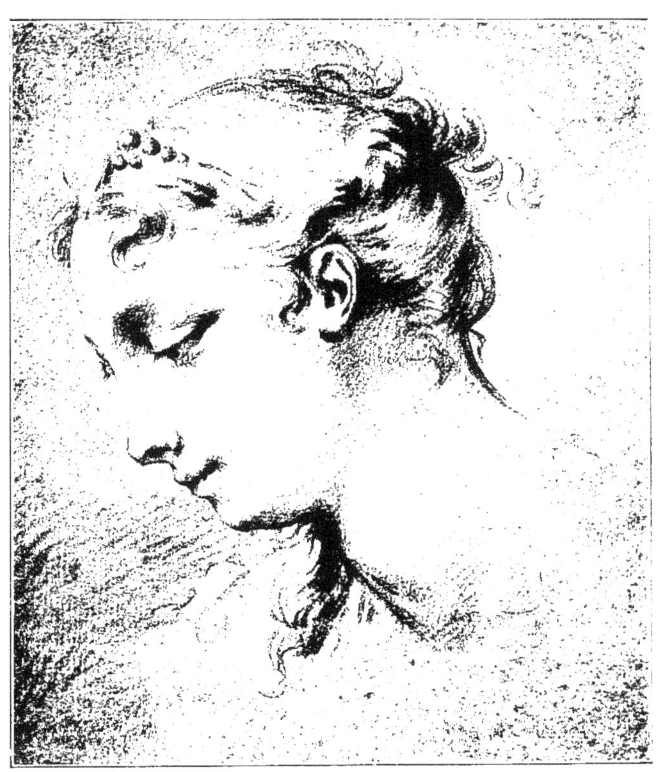

Nᵒ 12.   FR. BOUCHER

BOUCHER

(FRANÇOIS)

11. — *Berger debout, jouant de la flûte.*

Beau croquis à la sanguine.

(H., 0,31. — L., 0,19.)

BOUCHER

(FRANÇOIS)

12. — *Tête de jeune femme.*

Vue de profil, légèrement inclinée.

Beau dessin aux crayons de couleur.
Reproduit par Demarteau.
Cadre ancien.

(H., 0,19. — L., 0,135.)

BOUCHER

(FRANÇOIS)

13. — *Vénus et l'Amour.*

Très belle esquisse.
Crayon noir rehaussé de blanc.

(H., 0,37. — L., 0,32.)

CARESME

(PHILIPPE)

14. — *Bacchante, Satyre et Amour.*

Crayons de couleur.
Cadre ancien sculpté.

(H., 0,215. — L., 0,315.)

CASANOVA

(FRANÇOIS)

15. — *Visite d'un champ de bataille.*

Crayon et bistre. — Signé.
Cadre ancien sculpté.

(H., 0,245. — L., 0,34.)

CASANOVA

(FRANÇOIS)

16. — *Paysage. Troupeau au repos.*

Crayon, lavis et bistre.
Cadre ancien.

(H., 0,23. — L., 0,20.)

CLOUET

D'après JEHAN

17. — *Portrait d'un gentilhomme.*

Crayon noir et de couleur.
Cadre ancien bois sculpté.

(H., 0,15. — L., 0,115.)

COCHIN LE FILS

(CHARLES-NICOLAS)

18. — *Portrait d'un prêtre.*

D'une écriture ancienne, au revers : *Monsieur Guyonnet de Monbaleu.*

Joli dessin à la pierre noire.
Forme ronde. — Cadre du temps.
Signé et daté 1773.

(Diamètre, 0,10.)

COCHIN LE FILS

(CHARLES-NICOLAS)

19. — *Alzire.*

Composition de 9 figures pour cette pièce de Voltaire.
Sanguine.
Signé : *C. N. Cochin Filius fecit.*

(H., 0,205. — L., 0,151.)

CYFFLE

(LOUIS)

20. — *La Bataille de Fleurus.*

Beau et important dessin à la plume, au bistre et a
l'encre de Chine.
Signé et annoté.
Cadre ancien.

(H., 0,46. — L., 0,62.)

DEMARNE

(JEAN-LOUIS)

21. — *Vue du Campo Vaccino.*

Remarquable dessin au bistre, exécuté avec une précieuse
observation, d'après le tableau de C. le Lorrain au Musée
du Louvre.
Cadre ancien.

(H., 0,25 — L., 0,35.)

DROUAIS

(JEAN-BAPTISTE)

ET

BOIZOT

22. — *Le Château de cartes. Les Bulles de savon.*

Deux beaux dessins à la pierre noire exécutés par ces artistes pour les gravures de Boizot.
Ovales.

(H., 0,245. — L., 0,21.

DUFLOS

23. — *La Clairon.*

Portrait présumé de cette actrice, en costume de Pèlerinage pour Cythère.

Sanguine.
Cadre ancien bien sculpté.

(H., 0,25. — L., 0,19.

DUTERTRE

24. — *Scène du Roman de « Clarisse Harlove ».*

Plume et lavis.
Cadre bois sculpté doré.

(H., 0,134. — L., 0,07.

ÉCOLE FRANÇAISE

25. — *Portrait du Duc de Crillon.*

Au-dessous est écrit : « Monsieur le Duc de Crillon
au milieu des trophés de Minorque et de Mahon mé-
ditant les divers plans d'attaque de Gibraltar en juil-
let 1782. »

Au-dessus de la tête du Duc un médaillon ovale
suspendu à un palmier porte l'inscription suivante :

« A la gloire des armées combinées d'Espagne et
de France dont la valeur a, sous les ordres de M. le
duc de Crillon, conquis Minorque, réduit Mahon et
ses forts et détruit pour toujours l'asile d'où les Anglais
infestaient ces mers en 1782. »

Plume et lavis.

H., 0,50. — L., 0,37.)

EISEN

(CHARLES)

26. — *Mariage de Colette.*

Ravissante composition.

Précieux et remarquable dessin à la mine d'argent sur
vélin.

Cadre ancien bois sculpté.

(H., 0,22. — L., 0,155.)

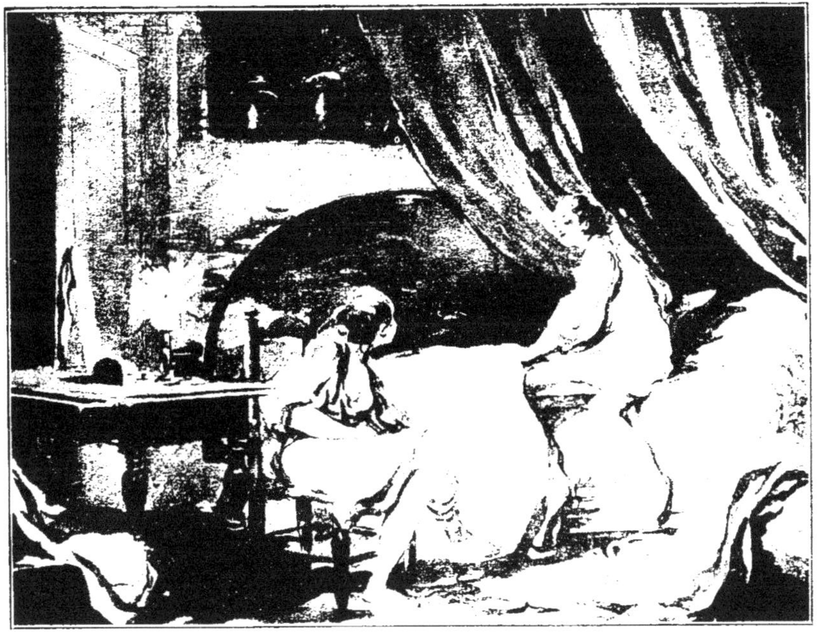

N° 20 — J.-H. FRAGONARD

EISEN

(CHARLES)

27. — *Épisode de l'Histoire des révolutions d'Angle-*
terre.

Les factieux renversent le trône devant une foule
qui fuit épouvantée.

Mine d'argent sur vélin.
Cadre ancien bois sculpté.

(H., 0,065. — L., 0,13.)

FIXON

(XVIII• SIÈCLE)

28. — *Halte à la porte d'une Hôtellerie.*

Aquarelle. Signée. Cadre ancien.

(H., 0.24. — L., 0,36.)

FRAGONARD

(J.-HONORÉ)

29. — *Coucher des Deux Servantes.*

Lavis de bistre.
Ex-coll. Morgan et P. D.

(H., 0,26. — L., 0,34)

FRAGONARD

(HONORÉ)

30. — *Chérubin.*

Portrait présumé de Rosalie Fragonard dans le rôle du *Mariage du Figaro*.

Papier bleuté. Crayon noir rehaussé.
Ex-coll. Muret.

(H., 0,265. — L. 0,20.)

FRAGONARD

(HONORÉ)

31. — **Combat des Titans.**

Très beau dessin au bistre reproduit en gravure par A. de Saint-Aubin pour le *Voyage à Naples et en Sicile*. Cadre ancien en bois sculpté. — Ex-coll. Constantin.

(H., 0,205. — L., 0,225.)

FRAGONARD

(J.-HONORÉ)

32. — *Vue d'un château et parc.*

Aquarelle.

(H., 0,11. — L., 0,20.)

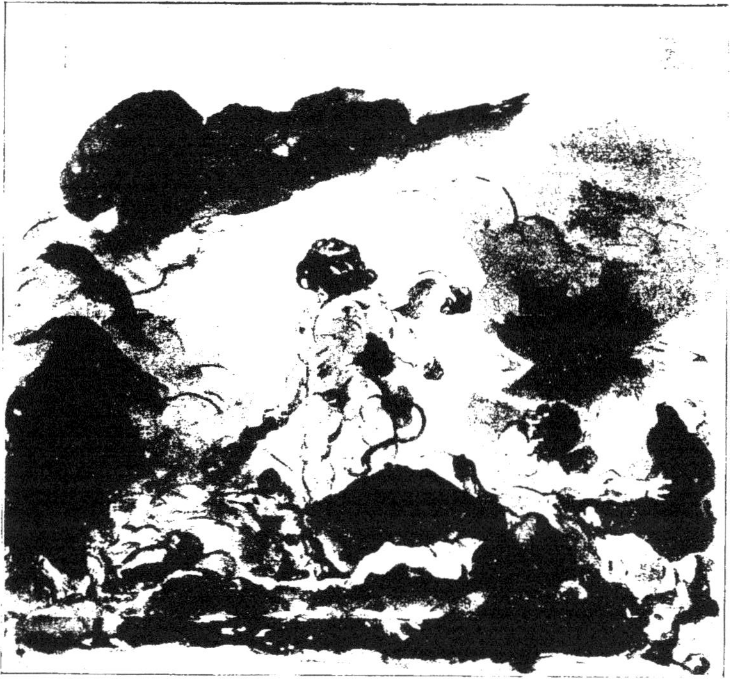

N° 31. — H. FRAGONARD

FRAGONARD

(HONORÉ)

(D'après P. P. RUBENS)

33. — *Descente de croix.*

Très important dessin plume et lavis.
Cadre bois sculpté.

(H., 0,45. — L., 0,295.)

GÉRARD

(LOUIS-AUGUSTE

34. — *Bernadotte roi de Suède.*

Pastel forme ovale.

(H., 0,32. — L., 0,29.)

GRAVELOT

(HUBERT)

35. — *Le Devin de village.*

Jolie composition. — Plume et bistre.

(H., 0,068. — L., 0,082.)

GREUZE

(JEAN-BAPTISTE)

36. — *Tête de jeune fille coiffée d'un bonnet.*

Beau dessin à la sanguine.

(H., 0,38. — L., 0,28.)

GREUZE

(JEAN-BAPTISTE)

37. — *La Vertu chancelante.*

Esquisse concernant cette composition connue.
Lavis de bistre.
Cadre ancien bois sculpté.

(H., 0,205. — L., 0,14.)

GOYA

(FRANCISCO)

38. — *Joueurs de paume.*

Dans les fossés d'une ville fortifiée, des joueurs de paume sont entourés d'une foule considérable de spectateurs, assis et placés sur des estrades.

Deux gouaches très spirituellement exécutées.
Cadres anciens bois sculpté.
Deux pendants.

(H., 0,35. — L., 0,50.)

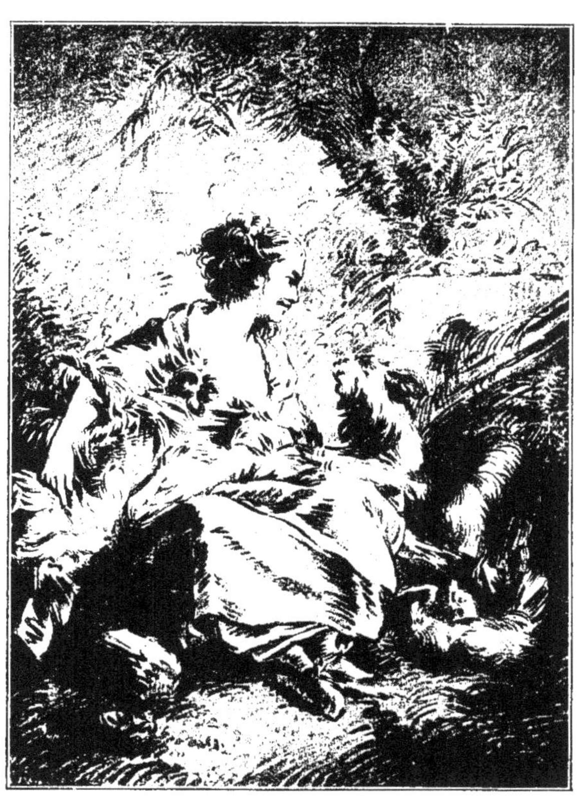

Nº 41. — J.-B. HUET

HALLÉ

(NOEL)

39. — *Les Quatre Saisons.*

Elles sont représentées debout dans des niches, avec leurs attributs. Montage ancien.

> Beaux dessins à la pierre noire.
> Cadre ancien bois sculpté.
> Chaque dessin mesure :   (H., 0,24. — L., 0,11.

HOUEL

(JEAN-LOUIS-PIERRE)

40. — *Route sillonnée de voitures et troupeaux.*

> Précieux dessin. — Signé.
> Plume et lavis.
>   (H., 014. — L., 0,27.

HUET

(JEAN-BAPTISTE)

41. — *Jeune Bergère assise.*

> Joli dessin lavis et aquarelle. — Signé.
> Cadre ancien bois sculpté.
>   (H., 0,248. — L. 0,178.)

HUET

(JEAN-BAPTISTE

42. — *Le Retour du troupeau. — Le Repos du troupeau.*

> Deux pendants signés.
> Jolis dessins à la plume rehaussés d'aquarelle.
> Gravés par Demarteau.
> Cadres anciens Louis XVI.
> Bois sculpté.

(H., 0,17. — L., 0, 27.

HUET

(JEAN-BAPTISTE)

43. — *Fontaine dans un parc.*

> Plume et aquarelle. — Signé.

(H., 0,31. — L., 0,20.)

HUET

(JEAN-BAPTISTE

44. — *Retour du marché.*

> Fermière conduisant un âne et divers animaux.

> Crayon noir rehaussé.
> Signé.
> Cadre ancien.
> Bois sculpté.

(H., 0,395. — L., 0,252.)

HUET

(JEAN-BAPTISTE)

45. — *Première leçon d'équitation.*

> Esquisse à la plume et au bistre.
> Signé.
> Datée 1780.
> Cadre ancien bois sculpté.

(H., 0,145. — L., 0,19.)

HUET

(JEAN-BAPTISTE)

46. — *La Gourmandise, scène chinoise pour tapis-serie.*

Sous un dressoir, un Chinois assis mord à même un jambon. Autour de lui divers Chinois, Chinoises et enfants se moquent de lui.

> Plume et lapis.

(H., 0,43. — L., 0,34.)

HUTIN

CHARLES

47. — *Frontispice pour le mariage de Marie-Joséphe d'Espagne avec le Dauphin de France en 1745.*

> Plume et aquarelle, publiée en tête du volume des fêtes données par la Ville de Paris à cette occasion.
> Cadre ancien aux armes de France.

(H., 0,51. — L., 0,35.)

HUYSUM

(J.-VAN)

48. — *Paysage.*

Plume et lavis.
Cadre ancien.

(H., 0,094. — L., 0,12.)

ISABEY

(EUGÈNE)

49. — *La Femme au chapeau de paille.*

Pastel exécuté par l'artiste en 1830.
Ex-collection Chateau, avocat.

(H., 0,345. — L., 0,024.)

LANCRET

(NICOLAS)

50. — *Jeune femme debout.*

Beau croquis à la pierre noire rehaussé.

(H., 0,345. — L., 0,235.)

LATOUR

(MAURICE-QUENTIN DE)

51. — *Tête d'homme coiffé d'une calotte.*

Très beau dessin d'un grand caractère, à la pierre noire, sanguine, rehaussé de blanc.

(H., 0,26. — L., 0,20.)

LE BARBIER L'AINÉ

52. — *Les Arcadiens.*

Frontispice pour l'ouvrage de Sannazar.

Très joli croquis, plume et bistre.
Cadre ancien bois sculpté.

H., 0,125. — L., 0,07.)

LECLERC

(SÉBASTIEN)

53. — *Louis XIV se rendant à l'armée.*

Le carrosse du roi est précédé et suivi d'une nombreuse escorte.

Très précieux dessin au lavis de sanguine.
Cadre ancien en bois sculpté.

(H., 0,16. — L., 0,275.)

LE MIRE

54. — *L'Innocence et l'Amour.*

Dessin d'un fini précieux, à la mine d'argent sur vélin
forme ronde.

(Diamètre, 0,14.)

LENAIN

(ANTOINE)

55. — *Portrait de jeune garçon.*

Pierre noire rehaussée de crayons de couleur.

(H., 0,30. — L., 0,25.)

LE PRINCE

(JEAN-BAPTISTE)

56. — *Ruines au bord d'un cours d'eau.*

Au premier plan une barque avec personnages
orientaux.

Plume et lavis.
A été gravé au lavis par Saint-Nom.

(H., 0,34. — L., 0,23.)

LE PRINCE

(JEAN-BAPTISTE)

57. — *Diverses têtes d'étude.*

Sanguine.
Cadre ancien.

(H., 0,275. — L., 0,43.)

LE PRINCE

(JEAN-BAPTISTE)

58. — *Repos en Égypte.*

Au crayon de bistre.

(H., 0,29. — L., 0,35.)

MOREAU LE JEUNE

(JEAN-MICHEL)

59. — *Le Roi Louis XVI en costume du sacre.*

Debout, la couronne sur la tête, il marche vers la
droite, la main droite élevée appuyée sur un bâton.

Belle esquisse à la sanguine.

(H., 0,24 — L., 0,18.)

MOREAU LE JEUNE

(JEAN-MICHEL)

60. — *Portrait de Pierre-Édouard Lemontey, président de l'Assemblée nationale.*

Forme ronde.
Pierre noire.
Signé, daté : *J. M. Moreau le Jeune, 1789.*
Cadre noir du temps.

(Diamètre, 0,075.)

MOREAU LE JEUNE

(JEAN-MICHEL)

61. — *L'Ère de la Liberté.*

Importante composition allégorique représentant une montagne abrupte au sommet de laquelle est le temple des Vertus républicaines : la Liberté — l'Égalité — la Fraternité. Une foule nombreuse se dirige vers la montagne; au milieu, un drapeau tricolore.

Gouache signée, avec mention : *Offert au citoyen, membre de la Convention Barras.*
Cadre ancien bois sculpté.

(H., 0,25. — L., 0,36.)

MOREAU

(LOUIS)

62. — *Ruines et cours d'eau.*

Gouache d'une exécution spirituelle.

H., 0,12. — L., 0,153.

NORBLIN

(JEAN-PIERRE)

63. — *Repaire de brigands.*

Plume et bistre rehaussés de gouache.
Au revers même composition exécutée de même.
Cadre ancien bois sculpté.

H., 0,225. — L., 0,285.

OZANNE

(NICOLAS)

64. — *Havre entouré de montagnes basaltiques.*

Plume et lavis.
Cadre ancien bois sculpté.

(H., 0,10. — L., 0,016.)

PATER

(JEAN-BAPTISTE)

65. — *Homme ayant le genou à terre.*

Beau croquis à la sanguine.
Cadre ancien en bois sculpté

(H., 0,145. — L., 0,195.)

PAU DE SAINT-MARTIN

(ALEXANDRE)

66. — *Rendez-vous de chasse en forêt.*

Gouache signée.

(H., 0,21. — L., 0,34.)

PERNET

67. — *Vue d'un parc aux environs de Rome.*

Aquarelle.
Cadre ancien bois sculpté.

(H., 0,25. — L., 0,15.)

PUJOS

68. — *Portrait de Dussieux.*

Crayon noir; forme ovale.
Dussieux fut président du Conseil des Cinq-Cents, littérateur et agronome.

(H., 0,123. — L., 0,103.)

PRUD'HON

(PIERRE-PAUL)

69. — *Tête de jeune femme.*

Crayon noir rehaussé de blanc.

(H., 0,27. — L., 0,18.)

PRUD'HON

(PIERRE-PAUL)

70. — *Étude d'homme, académie.*

Crayon noir rehaussé sur papier bleu.
Ex-collection Duc de Feltre et Fuichardot.

(H., 0,43. — L., 0,21.)

70ᴬ. — *Sceau pour Napoléon Iᵉʳ.*

Crayon noir sur papier bleu rehaussé.
Ex-collection Marcille.

(Diamètre, 0,125.)

RANSONNETTE

(N.)

71. — *Descente de police.*

Signé.
Plume et lavis.
Cadre ancien bois sculpté.
Ex-coll. D'Erceville.

(H., o,15. — L., o,32.)

RIGAUD

(HYACINTHE)

72. — *Coysevox.*

Portrait de ce célèbre artiste.

Pierre noire et sanguine. — Forme ovale.
Dessin pour la gravure, exécuté par Audran.

(H., o,37. — L., o,255.)

ROBERT

(HUBERT)

73. — *Terrasse de la villa Médicis.*

Belle esquisse, plume et bistre.
Cadre ancien.

(H., o,225. — L., o,10.)

ROBERT

(HUBERT)

74. — *Temple de Vesta.*

Important dessin à la pierre d'Italie. — Signé, daté : *1770*.
Cadre ancien bois sculpté.
Ex-coll. A. Bertier.

(H., 0,52. — L., 0,39.)

ROBERT

(HUBERT)

75. — *Démolition de l'Église des Vieux-Augustins de Paris.*

Pierre noire. — Signé, daté : *1777*.
Ex-coll. A. Berthier.

(H., 0,54. — L., 0,43.)

SAINT-AUBIN

(AUGUSTIN DE)

76. — *Portrait de Marie - Antoinette, reine de France.*

Beau dessin à la mine de plomb.
Ex-coll. Neveu.

(H., 0,10. — L., 0,075.)

SAINT-AUBIN

(AUGUSTIN DE)

77. — *Portrait de femme.*

En buste, vue de profil, la tête tournée à gauche.
Pierre noire.
Dessin d'une exécution spirituelle.
Cadre du temps.

(H., 0,05. — L., 0,07.)

SAINT-AUBIN

(Attribué à AUGUSTIN DE)

78. — *Promenade sur les remparts de Paris.*

Plume et bistre, composition importante rappelant la
gravure.
Cadre ancien bois sculpté.

(H., 0,17. — L., 0,235.)

SAINT-QUENTIN

79. — *Ariadne.*

Belle étude de femme couchée, tenant une coupe
et une amphore.

Crayons noir, blanc et de couleur, sur papier rose.
Cadre ancien bois sculpté.

(H., 0,28. — L., 0,48.)

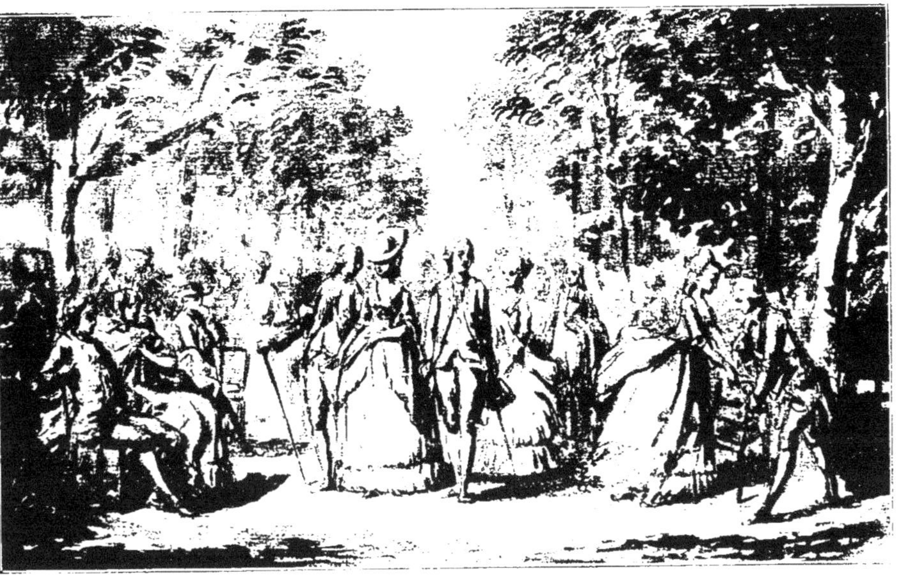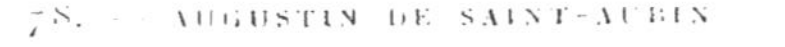

Nº 78. — AUGUSTIN DE SAINT-AUBIN

SÈVE

(PIERRE DE)

80. — *Encadrement pour un programme de théâtre,
ou concert.*

Ce cadre, orné de guirlandes de laurier et de médailles,
est surmonté d'une Renommée et d'Amours, jouant de divers
instruments.
Plume et lavis.

(H., 0,24. — L., 0,275.)

THIÉNON

81. — *Intérieur de parc.*

Gouache.
Cadre ancien.

(H., 0,44. —L., 0,365.)

TROY

(JEAN-FRANÇOIS DE)

82. — *Diane changeant Actéon en cerf.*

Beau dessin à la pierre d'Italie. Sanguine rehaussée de
blanc.
Cadre ancien bois sculpté

(H., 0,225. — L., 0, 275.)

VAN BLARENBERGHE

(LOUIS-NICOLAS)

83. — *Paysage orné de figures.*

> Précieuse gouache dont les figures sont spirituellement touchées.
> Cadre ancien bois sculpté.

> (H., 0,12. — L., 0,153.)

VAN BLARENBERGHE

(Attribué à LOUIS-NICOLAS)

84. — *Le Siège de Port-Mahon.*

> Importante gouache avec nombreuses figures.
> Cadre ancien bois sculpté.

> (H., 0,445. — L., 0,82.)

VAN BLARENBERGHE

(HÉLÈNE)

85. — *Cours d'eau traversant un village.*

> Gouache finement exécutée.
> Signée.
> Cadre ancien.

> (H., 0,31. — L., 0,23.)

VAN LOO

(CARLE)

86. — *Tête de jeune femme.*

Beau dessin à la pierre noire rehaussé de blanc.
Cadre ancien.

(H., 0,31. — L., 0,26.)

VERNET

(CARLE)

87. — *Mousquetaire en cuirasse, à cheval.*

Dessin à la mine d'argent sur vélin.
Signé, daté : *1776*.
Ce numéro et les trois suivants ont été exécutés pour un Traité d'équitation publié en 1778.

(H., 0,158. — L., 0,125.)

VERNET

(CARLE)

88. — *Dragon au galop.*

Dessiné à la mine d'argent sur vélin.
Signé, daté : *1776*.

(H., 0,158. — L., 0,125.)

VERNET

(CARLE)

89. — *Croate hussard à cheval.*

> Mine d'argent sur vélin.
> Signé : *C. Vernet.*
>
> (H., 0,158. — L., 0,125.)

VERNET

(CARLE)

90. — *Cheval au dressage.*

> Dessin à la mine d'argent sur vélin.
> Signé, daté : *1775.*
>
> (H., 0,158. — L., 0,125.)

VERNET

(HORACE)

91. — *Départ de Grivet pour l'armée.*

> Crayon noir rehaussé, signé.
> Cadre du temps.
> A été lithographié par le Maître, planche 2, *Histoire d'un soldat ;* la lithographie est plus petite que le dessin.
>
> (H., 0,081. — L., 0,385.)

WATTEAU

(ANTOINE)

92. — *Femme agenouillée.*

Étude pour l'une des compositions de ce maître,
les Baigneuses. Au revers, la signature de M. A. Slodtz
à qui elle appartenait au siècle dernier.

Sanguine.
Cadre ancien bois sculpté.

(H. 0,25. — L., 0,19.)

WATTEAU

(ANTOINE)

93. — *Invitation au départ pour Cythère.*

Une bergère, assise au pied d'un arbre, est entourée
de nombreux Amours.

Sanguine.
Cette charmante composition a été reproduite à l'eau-
forte par le comte de Caylus.
Cadre ancien bois sculpté.

(H., 0,155. — L., 0,215.)

WATTEAU .

(ANTOINE)

94. — *Allée d'arbres.*

> Très beau croquis à la sanguine.
> Cadre ancien bois sculpté.
>
> (H., 0,375. — L., 0,24.)

WATTEAU

(D'après ANTOINE)

95. — *Quatre personnages de la Comédie Italienne.*

Représentés sous un arceau chargé de pampres et d'une corbeille de fleurs, sont : Pierrot, Colombine, Arlequin et Mezzetin.

> Gouache ancienne signée : *A. M. Prou;* au bas des armoiries.
> Cadre ancien, bois sculpté.
>
> (H., 0,18. — L., 0,13.)

WATTEAU DE LILLE

(LOUIS-ANTOINE)

96. — *Bal au camp.*

> Important dessin à la mine de plomb.
> Signé, daté 1783.
> Cadre ancien bois sculpté.
>
> (H., 0,29. — L., 0,42.)

WILLE

(PIERRE-ALEXANDRE)

97. — *Concert de famille.*

Jolie composition de quatre personnages, plume.
Signé *P. A. Wille invenit. et del.* 1812.
Cadre ancien bois sculpté.

(H., 0,278. — L., 0,24.)

WILLE

(JEAN-GEORGES)

98. — *Dispute de femmes.*

Importante composition au lavis et à l'aquarelle. Signé.

(H., 0,087. — L., 0,22.)

PARIS. — TYP. CHAMEROT ET RENOUARD — 37727.

www.ingramcontent.com/pod-product-compliance
Ingram Content Group UK Ltd.
Pitfield, Milton Keynes, MK11 3LW, UK
UKHW031747170726
13836UKWH00002B/931